시인 전숙

눈물에게

전 숙 시집

시와사람

국립중앙도서관 출판시도서목록(CIP)

눈물에게 : 전숙 시집 / 지은이: 전숙.
-- 광주 : 시와사람, 2011
p. ; cm. -- (시와사람 서정시선 ; 028)

ISBN 978-89-5665-335-8 03810 : ₩10000

한국 현대시[韓國 現代詩]

811.7-KDC5
895.715-DDC21 CIP2011004613

눈물에게

시인의 말

가는귀먹은 엄마가 뭘 물으면

엄마는 몰라도 돼

몰라도 되는 줄 아는디 더 알고 싶어야

어둡습니다

귀는 이미 떠났습니다.

나는 지금 누구에게 말하고 있는 것일까요?

저만치서 제 홀로 부끄러운 낙조처럼

마음 붉어집니다.

목 차

2부 작은 풀꽃 눈 가린 죄

3부 둥글고 촉촉한 마음아

4부 꽃시절, 들렸습니다

1부

순한 눈을 지키라고

눈물에게

눈물은 태초에 가시였단다

순한 눈을 지키라고 하느님이 선물로 주셨지

발톱을 세워 달려드는 적들을
가시는 차마 찌를 수 없었단다

마음이 너무 투명해서
적들의 아픔까지 유리알처럼 보였거든

세상의 순한 눈들은
가시의 방향을 바꾸어
제 마음을 찌르고 말았단다

도살장의 소

마음이 흘린 피

그게 눈물이란다.

그늘의 시간

세숫대야에 한줌 비누거품이 떠있다

거품을 떠서 버리려는데
그늘이 바닥에 가라앉아있다

산봉우리에 그림자 드리우며
명상에 잠긴 구름을 본 적이 있다

명상이 끝날 때까지
그늘의 시간을 기다리기로 한다.

종의 기원

사람은 두 종류가 있다

바람의 가슴에 스며들면

꽃으로 피어나는 사람과

가시로 박히는 사람.

태양앞의 붉은닭
金鍾

끈

윙 윙 윙
예초기의 살기가 바람개비처럼 돌았다
오색 깃털이 날아올랐다
살을 지지는 대낮의 불덩이도
몽둥이찜질 같은 소낙비도
온몸으로 막아내었을 깃털 주검 아래는
아직도 알맞게 따뜻한 여덟 개의 명줄들

둥 둥 둥
지축을 울리며 내달아오는 살기에
천애의 벼랑에서 까치발로 서있었을 날개
하늘 담은 눈에 맺혔을 더운 물방울
노심초사의 작은 기척도, 본능의 몸서리도
더 널찍하게 더 깊숙이 끌어안았을 모진 끈

고독 중의 고독
고요 중의 고요
모든 명줄의 명줄
우주를 먹여 살리는 저 끈

꿩 꿩 꿩
마침내 무정한 칼날을 맞고도
차마 아주 끊어내지 못해 대롱거리는
끈이 뜨겁게 울컥거리더니
이내 남겨진 알들에게로 스며들었다.

둥근숲 II

발굽

초원을 맨발로 달리면 발톱이 발굽이 된다
소 같은 남편도 없고, 남편 대신 일해 줄
소도 없던 평동아짐은 스스로 소가 되었다
토끼 같은 자식 다섯 앞서고 홀시아버지 뒤따라오면
청상과부는 홀로 수레를 끌고
멍에를 지고 밭을 갈고 논을 갈았다
엎질러진 팔자를 쓸어 담기 위해 온몸이 주걱이 된 아짐
자갈투성이 생의 초원을 맨발로 달리느라
주걱은 닳고 닳아 어느새 발톱이 발굽이 되었다
발굽으로 걷는 아짐은 오리처럼 뒤뚱거렸다
뒤따라가던 바람의 코가 벌름거리고
어슬렁거리던 굴참나무에서 웃음잎이 쏟아졌다
철모르는 웃음소리는 아린 발굽에 소금을 뿌렸다
늦가을문풍지가 워낭처럼 곡조 내어 우는 밤이면
꾹꾹 억누른 설움 한 줄기 발굽의 앙다문 틈에서 흘러내렸다
낙화가 있던 날 아침
꽃 핀 이래 처음으로 남의 손에 버선을 신게 된 아짐은
발굽이 된 발톱이 부끄러워 헌 버선을 놓지 않았다
헌 버선을 품고 날아 내린 아짐의 발굽에서
어린 발톱이 돋아나는 것을 누구도 알아채지 못했다.

파라다이스

마른 호박넝쿨이 되어

노래를 멈출 수 없다
시베리아 자작나무의 설움이던
삭풍이 남도의 낮은 울타리
마른호박넝쿨이 되어 노래하고 있다
제 설움에 겨워 통곡하던 곡비(哭婢)처럼
산고에 든 지어미를 위하여
지붕 위에 올라가 비명을 지른다는
아프리카 어느 부족의 지아비들처럼
저 바람, 울음의 대리모가 되어 목울대가 쓰리다
강성하던 근육질에 끊임없이 수태되던
푸른빛이 혹은 누런빛이 지금쯤
그리워지는 것이 무엇인 줄 안다는 듯
온열매트의 다이얼을 돌려
눈꺼풀 아래 검은 그림자 앙상해진 기다림이
망각의 체온에 눈금을 맞추고 있다
몸의 물기가 모두 제거되면
한 방울의 눈물조차 남아있지 않으면
말라붙은 늑골로 연주하는
저 호박넝쿨처럼 바람의 악기로 남으리라.

뫼비우스의 띠

나는 아마도
이 길을
만 번쯤 걸었을 것이다

어느 날은 비가 왔고
어느 날은 안개가 끼었고
어느 날은 달빛이 좋았다

어둠이 지배하는
이 길을
내가 지치지 않고
되 걷는 힘은

달빛이 좋았던
그 하루 때문이다.

오징어

전생에 칭찬을 얼마나 많이 받았던 것일까요
아마도 웃어른께 인사를 잘했던지
아니면 심부름을 잘했던지
울보동생을 잘 돌보았던지
그것도 아니면
일 년 동안 저금한 돼지저금통을
자선냄비에 통째로 먹였던지요

불에 닿자마자
부끄러워
온몸을 비트는 저 착한 영혼

마치 오랜 습관처럼.

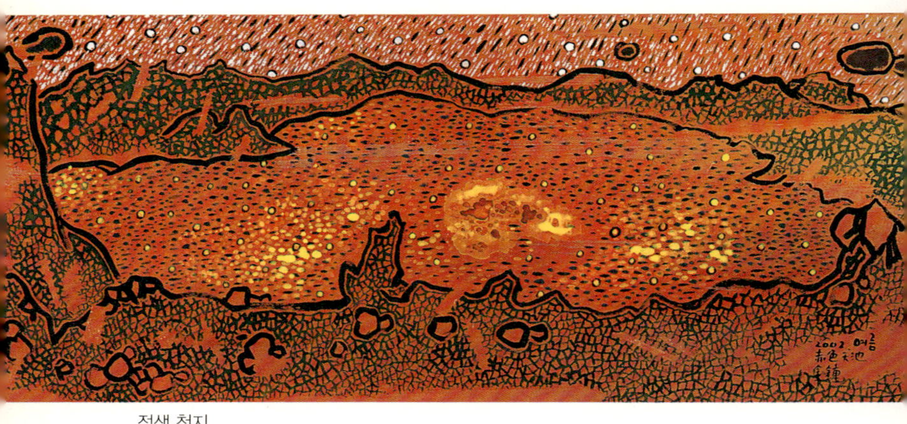

적색 천지

일회용커피

제발 부탁이야
손가락의 길이나 머리털의 향기만으로
나를 판단하지는 말아줘
네 마음의 컵에 나를 꽉 채운 뒤에
장단점을 골고루 섞어주겠니
설령 내 단점이 두드러지거든
조금만 더 기다려줘

태양마저 녹인 적도의 열정이
때로는 얼마나 달콤하고
때로는 얼마나 씁쓸한지
그리고 찬물에는 결코 녹지 않는 고집이
한 잔의 뜨거운 마음에서
비로소 삼위일체의 향기로 우러날 때

생의 가지에 누군가 방금 다녀간 흔들림이
망연한 너의 위로가 되려면

한 걸음쯤 노을 뒤로 물러서서
온전하게 거듭나는 너를 기다려야 하는.

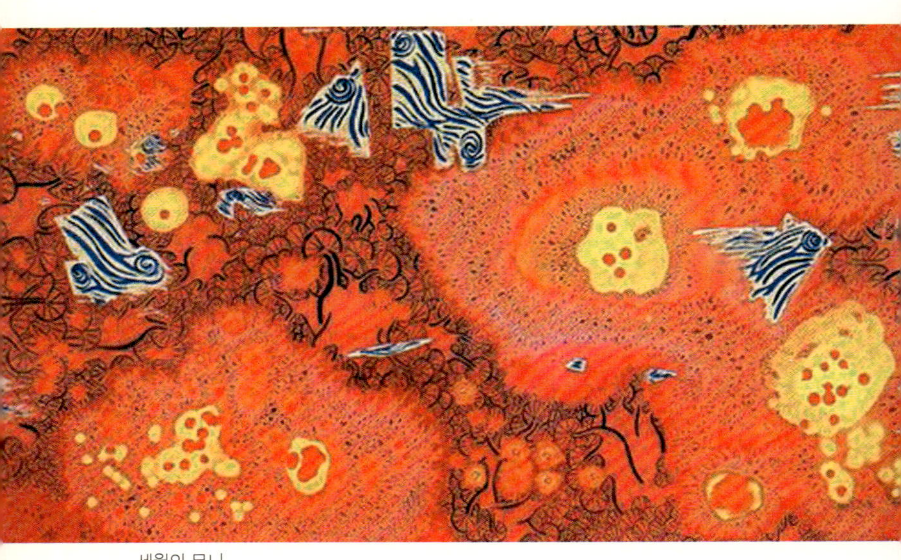

세월의 무늬

주름

개썰매를 몰아 방향을 찾는 이누이트들은
눈의 주름을 보고 길을 찾는다고 한다

설원을 쓸고 간 바람의 발자국이
주름을 만든다는 것이다

나는 머리카락을 추켜올리고
이마의 주름을 활짝 드러내었다

내가 걸어온 바람 같은 길이
생의 설원에 석 줄 깊은 발자국을 찍어놓았다

내 뒤에 오는 누군가
이 주름을 더듬어 가면
생의 크레바스를 무사히 비켜갈 수 있으리라.

지하철에서

지하철벤치에는 언제나
마주 바라보는 은사시나무들이 있다
간절한 기도 같은 마음덩굴이 돋아나고
겨울햇살처럼 따뜻해진 서로를 감아오른다
그 온도차 때문에 세상은 때 아닌 한기가 든다

오가던 말은 기억나지 않아도
돌이킬 때마다 번개 칠 저 감전의 시간
머나먼 생의 구들을 데울 저 행복한 불씨
언제까지나 감아 돌 저 비린 향기
주위를 서성이던 바람도 방해하지 않겠다는 듯
서너 발자국 앞에서 눈길을 멈춘다
스치듯 벤치에 기울이는 수많은 고막들
떨리지 않아도 모두들 듣고 있다
저 깊은 곳으로부터 밀려오는
기억의 서랍을 한바탕 헤집으면
어떤 눈동자는 첫사랑 별이 되고
어떤 눈동자는 마르지 않는 샘이 된다

마지막 약속처럼 다음 지하철이 오고.

달마을 사람들 II

아름다운 유아독존

하느님의 사랑법

하늘도 무심하시지
하느님이 계시다면 이럴 수는 없어

하느님은

너의 말을 듣기 위해
달이라는 귀를 열어두시고

너와 눈 맞추기 위해
해라는 눈을 빛내시고

너의 처진 어깨를 토닥거려주기 위해
가끔 비로 오신다.

영산홍가*

그곳에 가면 그 남자가 있다

한때 바다를 종횡무진 가르며
청춘을 꿈처럼 날았을 품 너른 날개
바다의 해진 마음마다
어미의 치마폭처럼 품새를 펼쳐 덮어주었으리
그래서 바다의 옷이었던 남자

이제는 그 날개가
굽이굽이 휘날리는 눈썹이 되어
세상을 굽어보는 남자
황소처럼 온몸으로 세상을 먹이는 그 남자
울금막걸리 한 동이에 노을처럼 취하면
심해처럼 더욱 깊어지는 눈동자에 파도가 인다

그리움이 발효된 삼합 한 쌈을
싸목싸목 씹으면
언제라도 되돌아갈 탯자리의 고독이
눈·코·입·목울대를 강타한다

괜스레 꺼이꺼이 울고 싶은 날
그곳에 가면
세상의 모든 울음을 제 날개에 삼켜버린
하늘 맑은 그 남자가 있다.

* 영산홍가: 영산포 '홍어의 거리'에 있는 홍어요리전문점

벌새들의 하늘나들이

칠월

저도 하루쯤 흐드러질 날 있다고
불모지를 하얗게 흔들어대는 개망초
깽판 치는 꾼 중에도 눈여겨보면 간절한 손짓 있어
그 간절함에 끌려 타박도 못하고 나는
어린 망초꽃 한 가지를 꺾었던 것인데
못나기에 앞서 하도 흔한 몸짓이어서
꺾인 채로 한동안 잊혀지고,

꽃은 눈을 감고
마음의 정수리까지 닫아걸고 있다
섭섭한 자락이 살풋살풋 들썩이는 듯도 하여
달랠 요량으로 냉수 한 컵에 꽂아두고
간간이 안부를 물었더니
배시시 마음을 열고 곱게 눈을 흘긴다

아무리 순한 노래라도
매운 가락 한 소절쯤 숨어 있어

칠월의 하늘도
어느 매운 가락에 걸려 저리 헉헉거리는가.

별이 되려면

(사람이 죽으면 하늘에 별이 된단다)
어려서부터 격언처럼 못 박힌 말씀이
나이 오십이 넘어
꽃 진 자리에 열매 맺힌 것을 보고서야
말문이 트이듯 한 생각이 틔었습니다

땀의 무게만큼 꿀을 만들어낸 꽃이
꿀의 부피만큼 벌나비에게 사랑받겠지요
또한 사랑받은 만큼
실한 열매가 돋아나듯
지상에서 눈물을 많이 흘린 사람일수록
더욱 빛나는 별이 되는 것 아닐까요

오늘도 우리 동네 서러운 능소화 한 송이
통꽃 채 생의 담벼락 아래로 졌습니다
밤이 오면 하늘에
어느 이웃보다 반짝이는 별 하나 돋아나겠지요.

기다리는 동안

한 우주가 열린다
영화의 주인공처럼 세상의 모든 카메라가 나를 본다

부딪치는 눈길마다 노둣돌을 놓고
향기가 건너간다
등 돌린 미운 바위의 옆구리까지
툭 치고 싶어지는 시간이다
바람에 업혀오는 먼 발자국소리에
서성이는 걸음마다 꽃송이 소담소담 피어나고
삐죽삐죽 흘러내리는 달빛의 웃음결에
나뭇잎은 겨드랑이가 간지럽다

풀꽃이 피어나는 그 여린 첫 숨결에도
온 우주가 흔들리듯

그대 기다리는 동안
나도 세상의 중심이다.

천지의 왕관

오메, 가시여

나가 탱자나무울타리를 들여다봤는디
멧새랑 땅강아지랑 거 뭣이냐, 여리고 여린 명줄들을
가시가 지 품에 꼭 끼고 있드랑께
그라고봉께 가시 속맴이 우리 엄니 행주치마허고 똑같드만
소싯적에 겁날 때는 말이다
엄니 행주치마 속에서 한숨 졸다보면
아무리 사나운 바람도 에돌아서 다 비켜가 불었거든

오메, 저그 저 5.18묘지에 누워계시는 가시들
가물치처럼 펄펄 날던 생때같던 이녁 꽃대를
흔연히 꺾어버린 바로 그 선한 이웃들 아닌가베

그때는 참말로 고마웠어라,
염치없는 디 부탁 하나 혀도 될랑가 모르겄어라
찔레꽃 하얀 눈물이 가시덤불에 떨어지면
허기진 새들을 위해 영실이 붉디붉게 여문단디
또 그런 날이 와도 어여쁜 우리들을 위해
영실 같은 붉은 열매 되어주실 것이지라 잉.

살처분

아버지는 마지막길이라고 사료 대신
따뜻한 여물죽을 쑤어 먹이셨다
안락사주사를 맞은 어미는 죽음의 공포와 고통 속에서
새끼에게 마지막 젖을 물렸다
포크레인이 허겁지겁 땅을 파고
비닐이 깔리고 생목숨들이 우박처럼 쏟아지고
그리고 세상이 어두워졌다
몸 안과 몸 밖이 모두 캄캄해져도
여전히 해는 떴다 지고 달도 차올랐다가 이지러졌다
꽃이 피고 바람이 불고 겨울눈에서 새잎이 돋아났다
공룡이 사라지고 냉동된 매머드가 돌아왔다
나 혼자 아무리 서러워도
세상은 무섭도록 침착하게 자전도 하고 공전도 하고 있었다

아무도 모르게 자전축이 조금 흔들린 것 외에는.

납골당에서

고요하다
세상의 모든 침묵이 여기 갇혀있다
화관을 단발머리에 두르고
꽃처럼 웃고 있는 어린 소녀
사진은 시간을 가두고
시간은 소녀를 가두고
소녀는 기억을 가두고
납골당엔 가슴에 얹힌 기억들이 갇혀있다
곱게 빻아진 내 사랑도
저기 어디쯤에서 나를 가두고 있을 것인데
가슴에 얹힌 기억이 끄르륵 소화되어
세월이라는 망각의 창자 속으로
홀연히 사라져버릴까 봐
나는 차마 그 기억으로 다가갈 수가 없다.

응시

어미물떼새의 셈법

검은머리물떼새가 알을 품고 있다
강변에 펑퍼짐하게 들어앉은 네 개의 알
지난 폭풍우에 용케도 살아남았다
실금이 가고 줄탁이 시작되었다
첫 알이 세상을 열자
어미는 냉큼 껍질을 집어삼켜 흔적을 지우고
둥지로부터 멀찌감치 날아가 새끼를 부른다
평생의 기둥이 될 어미의 울음소리를 각인하며
새끼는 어미에게로 달려간다
그렇게 두 번째 세 번째 알이 깨어나고
울음소리를 좇아서 쫑쫑쫑 달려가 어미날갯죽지로 파고든다
어미는 세 마리를 품고 한동안 앉아있다
한 마리는 잊었구나 싶을 때
어미가 몸을 일으켜 둥지로 날아갔다
아직 몸부림치고 있는 막내알을 쪼아서 꺼내주더니
다시 멀리 날아서 막내를 부른다
비실대며 엎어지며 어미 품에 든 막내
드디어 알 네 알이 모두 안착했다

까막눈어미도 새끼들 숟가락 수는 놓치는 법이 없다.

필식아재

필식아재가 대폴기화분을 마당께에 두고갔는디
오는 냥반 가는 냥반 대폴기를 갈킴시롱
살랑가죽을랑가 물음표를 찍드랑께
그 와중에 대폴기화분이
비바람에 그만 홀라당 넘어져부렀제
와따 그란디, 필식아재가 화분을 일쒀서
흐트러진 흙을 쓸어담드만잉
유리창 밖 풍경을 모른 척 나가 다 봐부렀네
버버리인 필식아재 나헌테는 안 디킨
대폴기의 구조요청을 어찌 들었으까 잉
암만 생각혀도 신통방통허데
헌디 어째야쓰가잉 대폴기는 날이 갈수록 누렇게 시드러불데
살랑가 쪽 물음표보다 죽겄네 쪽 마침표로 심이 쏠리드만
진작시부터 화분을 치우라고 성화대는 냥반도 솔찬해불었제
그란디, 아적이면 필식아재가 암도 모르게
대폴기에 물을 주고 가더란말이시
언젠가는 참말로 대폴기 잎사구가
폴새키처럼 푸르딩딩해지는 것도 같드랑께
인자봉께 살랑가죽을랑가 물음표 고것이
대폴기와 필식아재의 사랑쌈이드란 말이시.

보석

글자를 보면 읽고

음악이 들리면 흥얼거리고

배가 고프면 먹도록 세공되었다

무분별한 헛손이 잘려나가고
하늘 높은 공명은 조심스레 깎이고
정신은 남을 베끼지 않도록 연마되었다

시간도 죽일 만큼 죽였다

밟힐 만큼 밟혔다

결국 사리 한 줌 되는 일이었다.

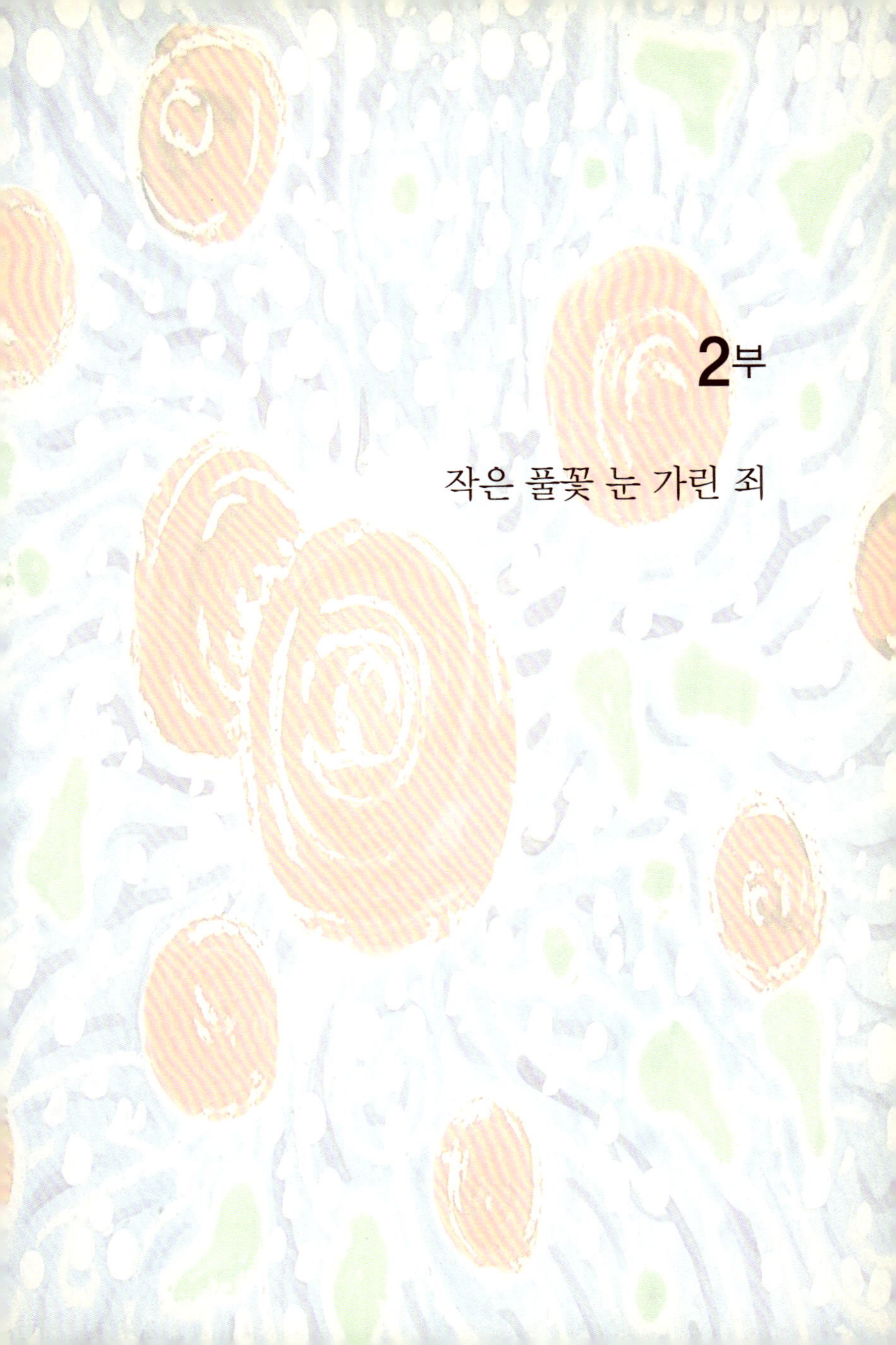

2부

작은 풀꽃 눈 가린 죄

걸레의 세례

내 살이 빨아먹은 너의 멍자국을 보아라
멀쑥한 키로 긴 그림자 만들어
작은 풀꽃의 눈 가린 죄
천방지축으로 뛰다가
함부로 찬 뒷발질에 방금 눈뜬 새싹 뭉개버린 죄
드러내고 싶지 않은 너의 허물
내 피부에 각인되고
나는 블랙홀처럼 너의 죄를 빨아먹는다
네가 죄의 검은 발자국을 뗄 때마다
나는 강력한 세제로 몸을 정화하고
너를 기다린다
걸레의 세례를 통해 거듭날지니
그러나 죄는 없어지는 것이 아니다
네 죄의 검은 눈물을
누군가 대리모처럼 흡수하고 있다
검은 십자가에서 검은 눈물이 흘러내린다.

월출에서 월인천강까지

풀꽃

풀이 꽃을 피웠다고 인사를 한다
못생긴 주제에...
굴참나무 무성한 입담에 고꾸라지던 여름은
지질한 풀꽃을 외면하였다

고비가 푸른빛을 잃고 쓰러지던 날
여름을 빛내던 어느 잘난 꽃도 거인을 일으키지 못했다
바람의 소문에 업혀 풀씨들이 날아갔다
못나고 질긴 명줄들은
고비의 막힌 혈관을 뚫기 시작했다
일보일배(一步一拜)는 사치였다
수수만 분의 일 보마다 오체투지로
고비의 말라붙은 속내를 두드렸다
뿌리의 뜨거운 눈물에
공중부양하던 물방울들이 화답했다
주검 같은 적막의 시간이 푸르게 사운거리고
성난 모래폭풍이 한걸음씩 뒷걸음쳤다

그리고 떠났던 양들이 돌아왔다.

동굴

파도의 무차별 공격에
바위는 아둥바둥 버티다가 버티다가
가슴에 구멍이 뚫렸다

의기양양해진 파도는 구멍을 집중적으로 공략하고

억겁의 세월동안 점점 커져가는 구멍은
뒷걸음질만 하는 듯이 보였다

핍박받는 시간이 견고한 계단처럼 쌓여가던
어느 날 구멍은 어미동굴이 되었다

그리고 어떤 거센 파도도 어미동굴에 들어가면
거센 가시가 뽑히고 양처럼 길들여졌다

야금야금 파먹은 어머니는 동굴이 되고
그 동굴에 들어가면
아직 이빨이 나지 않은 젖먹이시절로 돌아갔다.

구면

음주측정을 하겠다고
순찰차 경광등이 번쩍이며 차를 세운다
얼굴을 내미니 아는 경찰이다
구면에게 검문당한 날
그냥가라는 수신호를 보며
아무 죄도 없는 것이 오히려 억울하다
구면이면 비늘도 깃털이 되는 나라가 있다는데
이럴 줄 알았으면 맥주 서너 병 쯤 나팔 불 걸

천국에 갈 때도
운수 좋으면
문지기가 구면이어서
작은 죄쯤 눈감아주려나

새로운 구면을 만들기 위해
나는 오늘도 발바닥이 뜨겁다.

태양을 지키는 새들

그늘의 무게

냉장고 문을 여니 물김치통이 엎어진다
밀리고 밀리다가 더 이상 버티지 못한
그릇은 기다렸다는 듯 두 쪽으로 절단났다
이래저래 끓어오르는 속내를 비우고 싶었나보다

소나기 한바탕 쏟아내고 밝아진 먹구름

살다보면 가슴을 치며 울고 싶거나
구멍을 파고 소리치고 싶을 때가 있다

그늘도 무게가 있어
눈물이나 소리로 몸 밖으로 내보내면
무게가 줄어든다

오늘 내 그늘이 일 그람 줄었다.

유목의 무늬

참기름총알로 무장한 산낙지군단이
꼼지락꼼지락 고향을 추억하는 동안
친절한 혀들은 개펄이 더 잘 보이도록 뒤적여줍니다

어느 놈이 더 차진 고향을 가졌나
사막을 건너는 낙타의 눈물이
근육처럼 단단해지는 유목의 시간
기름진 초지에서 다리가 풀린 놈은
아무래도 무늬의 맛이 밋밋합니다
쫄깃한 삶을 위해
신은 굽이치는 발목과 사막의 모래바람을 만들었습니다

"너희들이 눈물 맛을 알어?"
평생을 두드렸어도 한 번도 속 시원히
속내를 열어주지 않는 하늘 쥐구멍을,
소싯적 바람을 따라간 서방 가슴을 쥐어박듯
지팡이로 콩콩 쥐어박는
청춘과부 새골댁의 가슴팍엔
유목의 말발굽 같은 주먹문양의 사방무늬 여럿 있습니다.

정자나무가 되어

모두가 내 그늘에서 쉬어가길 바랐다
머리 희끗해진 겨울산에서
발밑을 바라보니
오히려 내가
누군가의 등을 딛고 서있었다.

큰나무집

유체이탈

옷 한 벌 옷걸이에 걸려있다
바짓가랑이는 퇴행성척추질환에 걸렸는지
다리 한 쪽이 올라붙어있다
가슴에는 반듯하게 살라고
다림질당한 흔적이 무광으로 빛난다
두꺼운 천을 대고 간접화법으로 다렸어야 했다
직설로 꾸짖다보니
반항심이 기승을 부려서
맨발로 아무길이나 헤매고 말았는가
껍질 여기저기 반항의 물증이 널려있다

개구리처럼 볼록한 뱃구레는 무절제증
심장은 참을성 부족으로 벌떡증
간은 먼발치서 고향을 에도는 무궤도증
폐는 마실 사랑이 없어 무호흡증

세탁기에 집어넣고 헹굼코스를 서너 번 돌리니
회한의 시간들을 구릉구릉 토해낸다

이제 회한을 거두어서 태워버릴 때가 되었다.

홍련(紅蓮)아!

진흙수렁에 태어난 게 원죄인 뿌리가 있다
붉은 꽃봉오리가 올라오는 한여름 델리
녹아내리는 아스콘 펄에서 맨발이 타들어간다
세상의 모든 걸음을 위해 포장된 길이
신발도 허락되지 않은 가난에게는 불타는 수렁이다
수렁에서 건져 올린 눈물이 꽃을 피우기까지
먹이를 향해 활강할 때의 송골매처럼
뿌리의 초점은 흔들리지 않는다
생의 수렁에 빠진 남자의 발바닥이
점자로 찍는 눈물의 무게를
하얀 지팡이로 또박또박 읽어 내려가는 눈 셋의 시바
다음 생을 예비하는 릭샤바퀴가 밑줄을 긋자
황토빛 출렁거림에 곤한 몸을 눕힌
갠지스의 먼 기억이 뿌리를 휘돌아나간다

곡예 하듯 희망을 밀어 올리는 뿌리

수면이 수런거리고
'하늘문'을 통과한 홍련 한 송이,
세상에 온 관음보살이 무량하게 웃고 있다.

고년들

–여고동창회에서

그 년, 이 년, 저 년, 잘난 년, 못난 년
웃는 년, 찡그린 년, 복 터진 년, 지지리 궁상인 년
모두모두 똑같이 노을빛 사금 든 년들

눈 꼬리 처진 것 보기 싫다며 사진도 안 박는 년
탱탱한 시간으로 돌려보내달라고 하느님께 뒷돈 바치는 년
아직도 백마 탄 눈먼 나비 꿈꾸는 년
묵은 정 든 동무들과 죽고 못 살다가도
돌아서면 가슴이 서늘한 년

자식들에게 잘 가라고 손 흔들다가
고개 외로 꼬고 눈물 찔끔거리는 년
뷔페에서 뱃살 자랑하면서도
서너 번은 들락거려야 마음의 허기를 채우는 년
거지사위 챙겨 먹이는 월매의 밥상 같은 오지랖 넓은 년
차가운 세월에 흠씬 두들겨 맞은 한 떨기 들국화 같은 년

천지창조의 한 옥타브 올라간 꼬리말
시들지 않는 입담을 피워 올리는 꽃아줌마, 고년들.

대게들의 달구경

내 무게에 너는 꺾이고

언뜻 들렀다가 쏠려나가는 썰물처럼
너는 한 번 웃어주더니 떠나고 말았지

단 한 번의 향기로운 미소가
단 한 번의 따뜻한 입맞춤이
누군가에게는 평생의 추억이 되기도 하고
한 생애를 흘러갈 강물이 되기도 하지
너의 미소에 살풋 기대었다가
아무 일 없었던 듯 되돌아서 걷고 싶었어

발가락이 튀어나온 낡은 바람의 신발처럼
등짐 헉헉거리는 고원의 노새처럼
지친 날개를 부드러운 꽃잎에 잠깐만 내려놓으려 했어
알락그늘나비처럼 시린 가슴을 조금만 데우고 싶었어
내 무게를 알아채기 전에 떠나려 했어

단지 살풋 등을 기대고 싶었는데
내 무게에 너는 꺾이고.

선지국밥

잡초뿐인 생쥐의 땅에 내 왕국을 세웠다
하, 언감생심 생쥐가 내 왕국을 침입했다
그를 몰아내기 위한 가장 손쉬운 방법은
강력한 접착제가 발라진 끈끈이를
그가 즐겨 다니는 음습한 길에 설치하는 것이다

접착제에 달라붙은 생쥐가 억압과 사투를 벌이는 동안
곁에 걸려있던 바지는 짓찢기고 해지고 핏자국 선연하다
저 바지마저 없었으면 단말마의 순간에 그는 무엇을 붙잡았을까
얼마나 절실하게 허공에 매달렸는지
그의 유일한 무기이자 숙명인 송곳니가
너덜거리는 바짓가랑이에 아프게 박혀있다

그의 영토에서 그의 자유를 제압한
피 맺힌 곤봉을 전리품처럼 끼고 국밥을 먹는다
국밥 속에는 생쥐의 선지가
그가 누리고자 움켜진 한줌 허공만큼 가라앉아있다.

독도의 뿌리

지구촌을 휘덮을 무성한 기운이
창호지를 뚫고 달려나간다

대한의 일등 팔뚝이다

일순, 날개들의 비상에 거치적거리는
돌멩이 같은
쇠파리가 꼬인다

몹시 따갑고 귀찮구나

오성은 아직 오지 않았느냐

먼 눈빛
뿌리를 바라보는
슴새의 가슴에 비가 내린다.

파도와 황소

공(空)덕

어떤 대단한 분이 돌아가셨다
엄숙한 관가의 숙직실에서 급사하였으니 순직이라고
매스컴에서 한때 긴급뉴스로 대서특필하였다
지인들은 애도하느라 봉투를 들고 달려갔다
유족들은 고인의 뜻이라며 마음만 받고
봉투는 사절이라며 조의금함도 놓지 않았다
가신 분의 공(功)덕이 더욱 빛난다고 앞 다투어 칭송하였다
어영부영 며칠이 지나고
가신 분의 기억이 가물거리기 시작할 무렵
상가에서 봉투를 다시 가져오라는 통문이 돌았다
대단한 분이 하늘에서 조의금 명부를 확인하시다가
공(空)책인 것을 알고 노발대발해서 문자를 날렸단다
그래서 공(空)상가는 공(空)책을 채우려고
모든 조문객에게 문자를 날리고
문자를 받은 조문객들은 이게 무슨 공(空)덕이냐고
하늘을 향하여 문자를 날렸다

낮은음자리표 구름들의 하얀 머리 속엔
功과 空 사이의 거리가 하 멀기만 한데
속빈 가을날의 하늘은 누구의 공덕인지 참 투명하였다.

우는 여자*
–피카소에게

나는 태양의 어린 연인 세상의 모든 바람을 낳았네

정지된 시간의 벽에서 어린 내가 울고 있네
젖은 기억뿐이네 어머니가 된 내가 울면서 나를 어르네
검정색과 빨강색은 내 슬픔의 주조
멈추지 못하는 바람을 가슴에 품는 일은
슬픔의 강에 온 생을 던지는 일이었네
프로메테우스의 심장을 쪼아 먹는 독수리처럼
내 남은 길을 파먹는 절망의 부리

벼랑 끝의 아스라한 슬픔의 둥지
회한의 바람은 너무 늦게 도착하고
알은 이미 둥지에 없네
빈 둥지의 어깨가 들썩이네
눈은 더욱 깊어져 바람의 등뼈를 반추하네
태양이 끊임없이 욕망했던 꽃의 눈물이
누구도 결코 해체할 수 없었던
곱게 빗질된 나의 사랑에서 주룩주룩 흘러내리네

여인의 눈물을 퍼 올리는 태양의 원초적인 후각은
곡비처럼 세상의 모든 연인을 위해 울고 싶었네
여인은 울다가 울다가 스스로 정화되고
스스로 용서하고 스스로 눈물을 닦고 스스로 일어서네
울음을 삼키던 이빨 사이에서
붉은 미소가 햇살처럼 새어나오고
엉망으로 젖은 기억을 말리네
아침이면 새눈을 뜨는 아무도 못 말릴 저 햇살의 힘

나는 태양의 어린 연인 세상의 모든 바람을 낳았네.

＊피카소의 작품, 모델은 그의 다섯 번째 연인인 도라마르.

소나무의 하늘바라기

오십견

들어올릴 수 없는 설움이 뭉쳤다고 하였다
'이놈의 바윗덩이' 바람이 어깨를 털었다
아무에게도 드러내고 싶지 않은 설움은 잔등에 뿌리를 내렸다
바람은 돌아설 때만 짧은 한숨을 내쉬듯 아픔을 밖으로 밀어내었다
그가 걸음을 옮길 때마다 아픔의 무게만큼 발자국이 깊어졌다
더 이상 무게를 견딜 수 없을 때
힘을 서로 보태던 인대들이 뜯겨져나갔다
무당은 모진 무게가 달라붙어
날개가 부러진 거라며 살을 풀라 했다
삭일 수 없는 바윗덩이에 달아오르던
바람이 마침내 심연의 불덩이를 끌어올려 '카악'하고 내뱉았다
명중된 하늘이 울컥울컥 피를 쏟았다
벌게진 노을을 다음 무대를 기다리고 있던 달이 꿀꺽 삼켰다
달은 거머리처럼 탱탱하게 부풀어올랐다

바야흐로 보름이었다

부황을 뜨고 돌아온 날
실핏줄까지 환해진 바람은 오랜만에 달게 잠들 수 있었다.

天池에서

시퍼런 기다림이 너무 길어서
가뭇해진 눈시울로 어머니는 출렁이고 있었다
찰칵찰칵 근사한 생의 배경을 요구하는
요란한 몸짓들 틈에서 북받치는 울음을 삼켰다
내가 통곡하지 않아도 어머니는 알고 있었다
텔레비전방송에 나가
가물거리는 모국어로 더듬거리지 않아도
얼마나 머나먼 길을 에돌아 당신을 마주하고 있는지,
토하듯 먹구름을 울컥 쏟아내어
당신의 속내를 은근히 드러내기도 했지만
솟구치는 반가움을 소리 내어 말하지는 않았다
사라져버린 갈기를 돌이켜 세워보겠다는 듯
바람이 천지의 등허리를 더듬었다

백두대간의 영혼이 동강나고, 손발마저 편이 갈려
당신의 의지와 상관없이 따로 노는
뇌성마비환자가 되어버린 어머니
누군가 목 놓아 부르는 소리 들렸다
피의 발원지를 향한 끊임없는 구도(求道)의 울림일까
천문봉이 장군봉 큰 눈망울에 뚜렷이 떠올랐다.

'1절만 부르겠습니다'

삼분은 말을 잘하는 사람이라면
누군가의 마음을 통째로 살 수 있는 시간
등치 큰 산이 질끈 눈을 감았다가 뜨는 시간
귀빈구름이 축사하는 동안 하품하는 시간
고관바람이 기념사하는 동안 한눈파는 시간

한 청년에게 삼 분은 나라를 지켜낼 수 있는 시간
한 나라에서 삼 분은 국민을 구할 수 있는 시간

1절만 부르면 오십여 초
4절까지 부르면 사 분이 채 못 걸리는데
우리는 언제나 시간관계상 '1절만 부르겠습니다'

삼 분을 아끼는 동안에
불변하는 기상은 진토 되어 흩어지고
일편단심은 오만잡념이 되고
나라사랑은 시간관계상 사분의 일만

오늘도 시간관계상 '1절만 부르겠습니다.'

구름발자국

애기주먹만한 우박덩이가
쨍쨍한 유월에 쏟아져 내렸다
구름발자국마다 널브러진 흔적들
한 발자국도 헛디딘 발자국이 없다
펄펄 날리는 흰 도포자락의
느닷없는 덕석몰이에 몽둥이찜질 당한 애먼 천민들
무성한 가지 마구잡이로 잘라내듯
어린 배 주렁주렁하던 배나무는 회초리가 되고
깨 모종이며 이제 막 땅맛들인 고추며
내일부터 따낼 담뱃잎이 도둑맞듯 사라져버렸다
아직도 지켜낼 무엇이 있다는 듯
허수아비가 된 대궁만 빈 하늘에 서있다

허리 펼 틈새도 없이 새벽부터 밤중까지
지극정성으로
밭 갈고, 제초제하고, 물주고, 모종 옮겨 심은
일 년의 땀방울이 말끔하게 소탕되었다

내 발자국마다 무너져 내리는 개미집.

3부

둥글고 촉촉한 마음이

까치밥

미처 덜 익은 노을이 목울대에 얹힌다

따뜻한 기운을 염탐하던 휴게소 겨울 주차장
마음의 촉수가 꿈틀거린다
왕좌처럼 버티고 서있는 외제차를 지나쳐
귀퉁이의 구닥다리 승합차 쪽으로 헛손을 길게 뻗는다
누덕누덕한 세월을 청색테이프로 정성스레 덧댄
승합차에서 스파크가 번쩍인다
차만큼이나 낡은 아내가
호호 입김을 불어 차창을 닦고 있다
잔등 위에 더께로 내려앉은 가난을 털어내듯
낡은 생끼리 건네받은 중고땟국을 지우고 있다
묵은 시간들이 뻘뻘 흘러내리는
남편의 입술과 아내의 입술이
유리를 사이에 두고 딱 포개진다

금세 떫은맛을 지워낸 석양이
발갛게 빈 가지에 걸리고
포로롱 날아든 까치 햇부부
갓어우러진 부리가 노을홍시에 달게 꽂힌다.

조춘

부녀보법

꽃 두 송이 걸어갑니다
걸음나비 맞추어 나란히 걸어갑니다
키 큰 꽃은 허리를 굽히고
키 작은 꽃은 깨금발입니다
일곱 살 딸내미꽃 재잘대는 향기에
아빠꽃은 수술을 흔들어 일일이 답합니다
엄마꽃은 지난 가을 유방암으로 그들 곁을 떠났습니다

꽃 세 송이 피었다가 한 송이 먼저 졌습니다
같은 무늬의 흉터가 가슴에 새겨진 꽃 두 송이

마중 나온 햇살이
꼭 그러쥔 두 손에 제 다순 손바닥을 포개봅니다

아지랑이 뭉클
치밀어 오르는 봄입니다.

봄나들이

봄나들이
金鍾

방백

무대 아래가 수런거립니다
된바람 같은 생의 휘몰이에
온 정신을 놓아버린 미친 꽃 한 송이
열렬한 환호는 순서에 없는 끼워 넣기입니다

앙콜이여, 앙콜
웃음소리.......왠지 씁쓸한,

올 나간 스타킹 같은 체면구긴 똘소리에
힐끔힐끔 꽂히는 수백의 눈초리 조명
일순, 캄캄한 무대 아래가 무대보다 환해집니다

앙콜이여, 앙콜

생의 이랑마다 길게 드리워진 젖은 그림자
광기로 말려버린 웃음보살은
마음 내키면 아무데서나 방뇨 같은 방백입니다
전두엽 내밀한 어딘가 숨어있는
체면의 방광에 꽉 차있던 견고한 껍데기를
한바탕 쏟아내는 중입니다.

사과

얘야, 사과라는 우주에는 아기별 다섯 식구가 산단다
백년동안에 태어날 또 다른 아기별보다도 많은
꽃가위벌의 눈물이 아기별에게 녹아있단다
아기별 다섯은 꽃가위벌의 눈물에 기대어 어른이 된단다

꽃가위벌은 한 생 동안에 열다섯 개의 기쁨을 낳는단다
천육백이십 송이의 꽃가루로 경단을 만들어
기쁨 한 알의 입에 물려준단다
사과꽃 이만사천삼백 송이의 대문 앞에 엎드려
귀한 꽃가루를 탁발한 어미는
제 눈물이 다할 때까지 보은의 춤을 춘단다
참으로 우람하고 다디단 어른 사과는 모두
꽃가위벌이 꽃가루받이 해준 것이란다
한 줄기 고독한 바람이 열다섯 번째 꽃경단에
마지막 기쁨을 낳으면 노심초사하던 봄날은 비로소
마음 내려놓은 날개를 가지런히 접는단다

한 알의 사과를 지그시 베어 물면
누군가의 눈물이 입안 가득 그렁해지며
'다 이루었다'는 말이 어디선가 들려온단다.

천지의
金鍾

아름다운 윤회

바람의 형상이 궁금하면 자작나무를 보면 안다
지나가는 바람마다 들러 가는 자작나무는
허공의 주막, 그믐밤이면 정 많은 바람들과
정분이 나고, 동서남북 하늘땅 할 것 없이
바람을 밴 나무는 우주에서 가장 아름다운 무희
천 개의 손을 뻗쳐 춤추는 천 개의
눈마다 바람의 씨앗이 하얗게 박혀있다

머물지 못하는 정은 상처가 되고
바람이 남긴 상처에 뿌리내린
차가버섯은 상처를 부추겨
나무의 암덩이로 자라난다

차가버섯을 가루 내어 따뜻한 물에 우려내면
자작나무의 전생의 전생이 깨어나
생의 아픔이 뭉치고 뭉쳐서 만들어진
세상에서 가장 아픈 울음
또 다른 암덩어리를 녹여낸다고 한다.

이차돈을 만나다

오아시스가 그리운 날
작은 컵에 물을 가득 부어 철쭉 서너 가지를 꽂았다
푸른 물기가 자분자분 번져갔다
푸석한 거미줄이 허파꽈리처럼 부풀어 오르자
말라붙은 거미의 입술에도 화색이 돌았다

철쭉가지의 푸른 보시에
이심전심 모두들 푸르러 가는데

컵 속엔 하얀 피가 흥건하였다.

좁쌀냉이 꽃

세상에서 가장 작은 눈물,
좁쌀냉이 꽃이 피었다
고통을 제 홀로 삭이는 여린 가슴들의 눈물을
꽃으로 피워낸다는 꽃이
먼 별처럼 너무 시려서 콕 찍어서 맛을 보았다

좁쌀냉이 가슴에 매운 하늘이 들었는가
혀끝이 금세 얼얼하다

모든 작은 가슴들이 별을 기다리며 얼마나 울었는지
어쩌다 찾아와 하늘을 들이키는
눈 밝은 별은 안다

우리 마을 곱사등이 부녀회장님
접힌 가슴 켜켜이 숨겨진 오지랖은
흩날리는 낙엽까지 불러들여
기어이 밥숟갈을 쥐어주어야
들어 오르는 가심에피가 고추장 푼 매운탕처럼
개운해진다.

그리움

날마다 뜨는 해

하루만 안 봐도

하늘이 캄캄한 이유

들메끈 질끈 동여맨 산이 훠이훠이 걸어간다

불러도 불러도 메아리뿐이다

저 독한 일방통행은

그리움이라는 이름의 청맹과니에 귀머거리.

2009
달걸이들 나무와 나무들

징검다리

산다는 것 어찌 보면 징검다리 건너는 일이지요

아스라한 둔덕을 건너다보며 긴 한숨을 몰아쉴 때
젖꼭지처럼 까맣게 반짝이는 별빛들
어미의 마음으로 누군가 괴어놓았을 징검돌들
건너가는 누구의 발걸음도 불안하지 않도록
흔들리는 가슴끼리 이리 내어주고 저리 덧대어서
하지 않은 약속처럼 아귀 맞는 조약돌이 되어
사이사이 요리조리 끼워놓은 정성을 딛습니다
아지 못한 그이의 지극한 마음이 길을 잡아줍니다

산다는 것 어찌 보면 같으면서 다른 우리끼리
이름도 없이 빛나는 은하수의 작은 별들처럼
이리 내어주고 저리 덧대어서
서로의 눈물을 괴어 징검돌이 되어주는 일이지요

계절을 건너기 위해 가을의 징검다리가 된 저 낙엽처럼
우리는 또 누구의 눈물을 딛고
오늘을 건너고 있는 것일까요.

여섯 개의 예쁜 가슴을 가진 강물

달의 무늬

소리 없이 어두워질 것
얘야, 네 가슴의 달을 잘 간수하거라
달의 무늬를 기억해야한단다
흔적 없이 스며드는 이슬도 무늬가 있단다
울타리콩이 울타리를 감고 자라듯이
네가 감고 자라야 할 것들
모든 스러지는 것들의 무늬를 만져보는 일이란다

풀벌레가 울음을 멈추지 않으면 떠나지 못하는 가을처럼
붉어지는 생이 결코 물들일 수 없는 것
껍질이 바위처럼 딱딱한 고목도
아기솜털처럼 순한 실뿌리가 있단다
고목이 살아가는 힘은
그 실뿌리에 기대어 깊어지는 그늘이란다

이윽고 한 잎 서러운 낙엽 되어 돌아가는 모든 달덩이는
남겨진 달빛이 외롭지 않도록 무늬를 벗어두고 간단다

무늬를 읽다보면 어느새 네 가슴에 떠있을 달

바이칼 호수를 비추듯이
또 누군가를 비출 저 서러운 달.

산들의 달구경

오월

민들레

민들레가 봄길에 들어섰을 때
아무도 꽃방석을 내주지 않았다
눈길조차 주지 않았다
민들레는 봄의 귀퉁이에서
길손을 기다리고 있던 몇 장의 잎방석을 깔고 앉았다

모두들 화려한 말잔치 중이었다
자기 향기를 내세우기 위해 목청을 돋구느라
남의 말에 기울이는 귀는 없었다
민들레는 나지막이 앉아 모두의 말을 들었다
달팽이관의 융모들이 민들레의 몸을 덮기 시작했다

작은 깃털들이 날개가 되어
민들레의 몸이 떠올랐다

어느 고적한 길에서 민들레와 마주했을 때
나는 그의 몸이 온통 귀임을 알았다
소리 내어 말하지 않아도 민들레는
내 옹이들의 사연을 알아들었다는 듯
노란 미소를 피워 올리고 있었다.

상사화

내가 오늘 아침 먼저 길을 나서는 일은
그대가 대문에 들어설 때
마음이 환하도록 마당을 정갈하게 쓸어두는 일
개울을 건널 때 발이 젖지 않도록 징검돌을 놓는 일
새순으로 눈뜰 때 허기지지 않도록
낙엽이 되어 땅으로 돌아가는 일
다음 상차림을 위해 설거지를 하는 일
고랑진 마음들을 메우는 일
그대가 예수로 올 때 신들메가 헐겁지 않도록
세례자 요한이 되는 일

비록 볼품없는 풀잎으로 스러지더라도
그런저런 핑계로
먼저 길을 나서
그대의 향기를 짓는 걸음을 멈출 수가 없다

모든 만남은 거룩하다
그러나 때로는 그리움이 거룩할 때도 있는 법이다.

해바라기의 고요

아란야*

'아란야'가 '알았냐'로 들리는 절집이 있다
심향사 마당에 서면
쇠지팡이를 짚은 나이든 팽나무 한 그루를 만난다

어린 나무를 마당에 앉히며 노승은 당부했다
세상을 좇지 말고 '아란야'가 되거라
스님을 알아듣지 못한
나무는 공명을 좇아 하늘로 하늘로 길을 잡았다
우연찮게 땅을 내려다본 나무는
뙤약볕에서 이글대는 불목하니를 만났다
나무는 저도 모르게 허리를 굽혀 그늘을 넓혔다
그늘에 들어 뜨거운 번뇌를 내려놓는 불목하니를 보고서야
나무는 비로소 스님을 알아들었다
나무는 벼락을 불러
한사코 하늘로 달려가는 다리를 불칼로 잘라버렸다
생살을 지지는 아리고 아린 시간이 억겁처럼 흐르고
젖이 덜 떨어진 상처는 궂은날마다 비명을 질렀다
환지통을 겪을 때마다 새살 같은 어린 가지를 토해
그늘을 키운 나무는 모든 번뇌들의 적정처가 되었다

*아란야: 적정처, 쉬어가는 곳이라는 의미의 산스크리트어

산사의 숲

달에게

달아, 너 얼마니?

어느 천재가 발명한

열두 명과 동시에 눈 맞추는
마네킹이 10억이래

세상의 모든 눈들과 동시에 눈 맞추는
달아, 너는 얼마니?

눈물을 너무 사랑해서
세상의 모든 눈물 호수를
오체투지로 찾아다니는
너 둥글고 촉촉한 마음아.

여름 무등

별빛처럼 몸 부신 산돌이 사는
무등산 속주머니에 숨겨진 옹달샘

다닥다닥 누덕 진 쪽방 같아도
한 땀씩 좁혀주는 마음들이 있어
마른 목울대로 찾아드는
호랑지빠귀도, 노랑턱멧새도
더불어 목을 적시고
바지춤 걸머쥔 채
귀 떨어진 바가지로 등목을 한다

아스스, 소름 돋는 잎새들 따라
새끼울새까지 겹겹이 천렵 나오는
한낮의 꽃때
포로롱 졸던 서석대 먹구름
소나기 한 바가지 인심 좋게 퍼부으면

새옷 정갈하게 갈아입은
햇발들의 웃음보에
너덜겅 검젖은 적삼도 까르르 마른다.

태양에게 덤비는 수탉들

사랑하는 일이란

창가에 놓아둔 애기별꽃이 별천지가 되었다
나를 보게 하려고 꽃의 얼굴을 돌려놓았다
웬걸, 이내 양지뜸으로 돌아서는 마음에
나는 혼자 화끈거린다

누군가를 외곬으로 바라본다는 것
멈출 수 없다는 것
그것, 불에 덴 듯 얼마나 아린 일인지

하여도 사랑한다는 것은
다른 사랑을 바라보는
너의 눈물까지 내 안에 들이는 일
그러나 그것 또한
가시에 찔린 듯 얼마나 아린 일인지

그러므로 사랑하는 일이란 언제나
가슴 복판에 매운 강물 한 줄기 흘려보내는 일
그래서 앓다가 앓다가
송진이 굳듯이 매운 가슴이 굳으면
상처에서 연꽃 한 송이 피어나리니.

수박

목마른 사람을 지나치지 못하는 수박은
처음에는 손바닥바가지를 만들어 타는 혀끝을 적셔주었다
그것으로는 성이 안차자
수박은 마르지 않는 옹달샘이 되고자 하였다

손바닥바가지에서 옹달샘이 되기까지
직선의 몸이 동그랗게 말아져서
기어이 제 온몸이 남실거리기까지
육천매듭이 물러나고, 하늘이 찢기고 땅이 입을 벌리는
변태의 고통을 수억 겁 견디어낸 수박은
세상에서 가장 달고 붉은 옹달샘이 되었다

수박 같은 사람을 알고 있다

온몸이 옹달샘인
이 땅의 어머니들.

숲과 태양

영산강

–김종 시인을 따라 흘러가다

그가 걸어오면 사방에서 물줄기가 흘러든다
두물머리 세물머리 같다
만나는 누구나 손을 잡고 밥집으로 간다
에돌아 에돌아가며 젖을 먹이는 그는
걸음걸음이 벼랑이고 허당이어도 길을 뚫고 다리를 놓는다
걸음을 딛는 그의 발자국마다 물비늘이 반짝인다
막다른 길에서 눈 딱 감고 뛰어내리는
서러운 햇살들을 일일이 손잡아주기 때문이다

그는 희망을 지피는 불씨를 품고 다닌다
엄지손가락을 턱에 괴고 명상에 잠기면
찢긴 가지에서도 새움이 돋는다

전생에 모든 풀꽃들의 귀였던 그는
이번 생에선 풀꽃들의 혀가 되었다
노을 좋은 어느 석양을 가만히 흘러가보면
시로

그림으로
글씨로
그가 남실남실 에두르며 이야기하는 세상이
천년을 건너온 종소리처럼
웅숭깊은 파장으로 우리의 영혼을 흔든다.

강마을 사람들

물풀과 물고기

남평역에서

조급증도 잠시 다리품을 쉬고
시간여행을 하는 찻집 같은 간이역
아무리 바빠도 그 곳에서는 서두를 수 없다

산모롱이 돌아 나오는 통근열차도 엉덩이가 무거워진다
귀밑머리 하얀 구름은 누런 철로에서 서성이고
드들강에선 콧물 훌쩍이는 동무가 아직도 천렵 중이다
무작정 기다리노라면 고향은
낡은 역사의 일곱 계단을 행운처럼 내려와서
눈물범벅 진 얼굴로 얼싸안고 등 두드린다

살다가 그리움에 허기지면 남평역에 가볼 일이다

빛바랜 사연의 갈피너머
귀 떨어진 창틀 먼지에 묻어둔 시간들
남평역은 사막의 오아시스처럼
번성한 시대에서 한 발 떨어져
목쉰 기적소리 같은 팔짱을 끼고
백 년 전의 얼굴로 우리를 들여다보고 있다.

‘톡’하고 누가 살구씨를 뱉었을까

공터에서 첫눈을 떴을 때
눈 맞추어주는 이 아무도 없어
살구씨는 눈을 감아버렸다
소망영아원에서 효선이가 ‘으앙’하고
눈을 감아버린 것처럼

뒹굴던 쓰레기더미의 발효된 음식찌꺼기가
살구씨에게 젖을 물렸다
가짜젖꼭지를 빨며 효선이가 잠든 것처럼

살구씨도 쓰레기엄마에게 안겨
어느새 우람한 청년이 되었다
살구나무는 이제 제 마음을 분홍빛으로 물들여
효선이에게 보여줄 수 있었다

효선이가 고아원으로 떠난 뒤에
살구나무는 분홍빛 마음을
누구에게도 열어 보이지 않았다
모두들 살구나무가 죽었으려니 여겼다

누군가 쓰레기봉지를 나무의 발치에 버렸다
그러자 모두들 쓰레기봉지를 살구나무그늘에 버렸다
그늘은 점점 넓어지고 공터는 점점 어두워졌다

효선이가 영아원보모로 돌아오던 날
영아원 밖 공터는
잔칫날처럼 안방도 부엌도 마당도 환했다
살구나무는 머리에도 손에도 등에도
알전국 같은 살구꽃을 벙글벙글 피워내어서
분홍빛 마음을 밤새 켜두었다
지나가는 사람마다 고개를 빼고 공터를 들여다보았다

'톡'하고 저 공터에 누가 살구씨를 뱉었을까.

묘향산의 금빛가을

청려장*

누군가의 지팡이가 되겠다고 서원한 명아주는
꽃시절에도 거울 들여다보고 립스틱 한 번 발라본 적 없어서
지나가던 바람은 꽃인 줄도 몰랐습니다

나에게 의지하는 그이 팔이 힘들지 않도록 더욱 가볍게
혹여 내 허리가 부러져 그이 넘어지는 일 없도록 더욱 단단하게
하늘처럼 나를 꽉 붙들어 잡은 그이 손바닥이 미끄러지지 않도록
더욱 옹친 옹이를 만들기 위해

뙤약볕이 아무리 뜨거워도 된바람이 아무리 매서워도
그늘 찾아 머리 디밀지 않고 담벼락 찾아 숨어들지 않았습니다

맑은 이슬로 키운 꽃대가 세상의 어느 강철보다 든든해서
소록도 눈물들의 쌍지팡이였던 마리안나 수녀님, 마가렛 수녀님
물고기 비늘처럼 반짝이던 푸른 시간을 송두리째 불태우고
관절염에 걸린 지팡이는
지팡이로서의 명운 다했다며 신새벽 더듬어 홀연히 떠났습니다.

* 청려장: 명아줏대로 만든 지팡이, 가볍고 단단하다.

돈노망

우리 엄니가 오늘은 요것이 필요하고
오늘은 저것이 먹고잡다고 험시롱 날마다 전화를 해싸서
처음에는 효녀딸내미노릇 한답시고
엄니 참말로 전화 잘 했소
돈부쳐드릴텡께 하고자픈 것 먹고자픈 것 엄니 맘대로 허소 했제
그란디 점점 돈 액수가 높아가서
나중에는 감당을 못 허겄드랑께
알고봉께 우리 엄니가 팔도에 사는 자석들헌테
모다 전화를 해서 돈을 갈퀴처럼 긁었다는디
그리도 순박하던 우리 엄니가 뭔일났능가 허고
자석들 모두 고향으로 내려갔겄다
돈만 보면 게눈 감추듯 모다 잡숴버린다고
동네사람들이 우리 엄니 숭을 잔뜩 보는디,
방에 들어가보니
이불 호창 속에도 장판 밑에도 뒤주에도 은행을 차렸드만
엄니 이것이 뭔 짓이다요

오매, 고것이
저승갈 때 쓸 내 노잣돈잉께 암도 손대지마라 잉
나도 저승사자헌테 뒷돈 좀 쓰고 마즈막에 호강 좀 해볼란다.

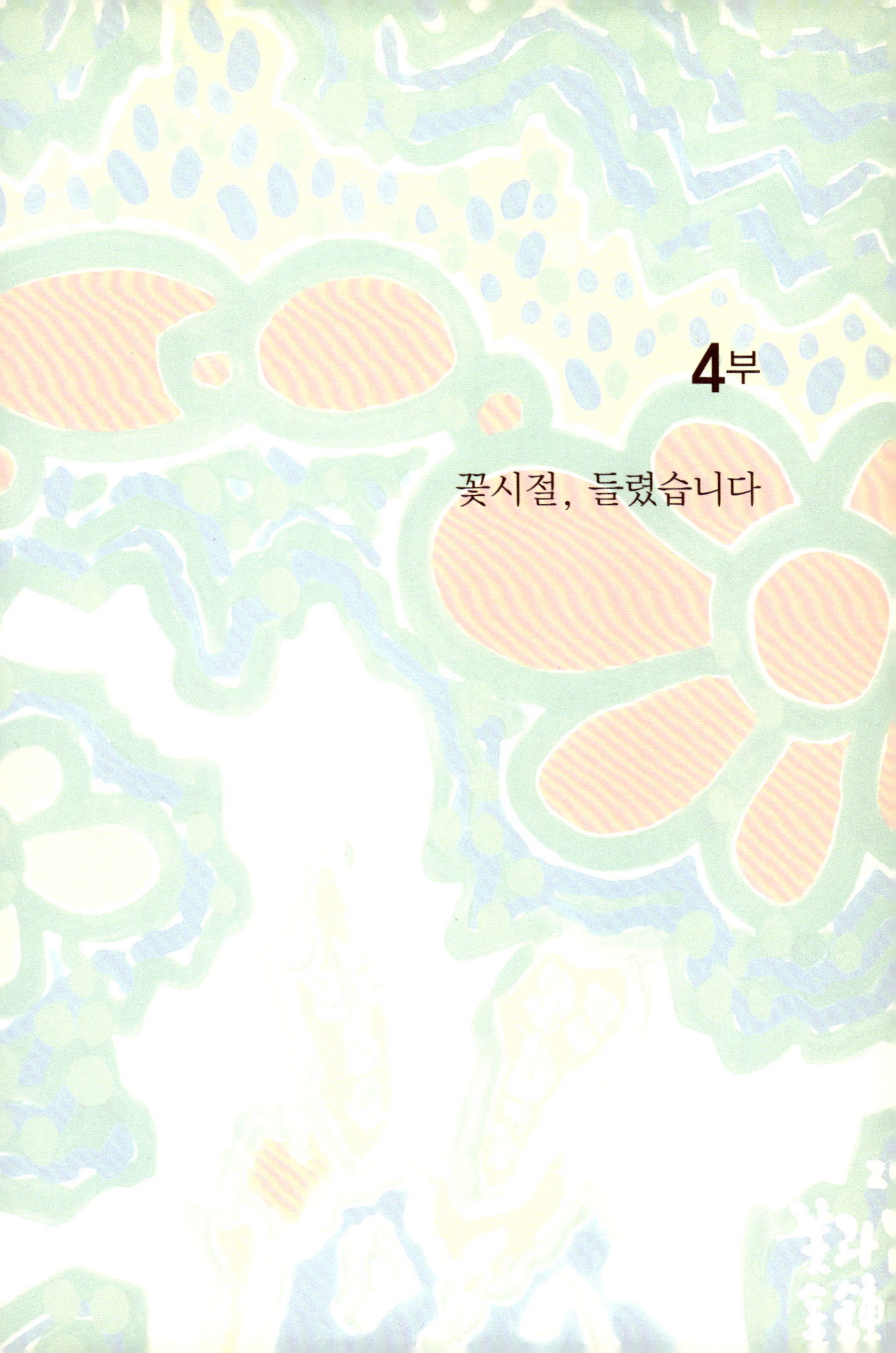

4부

꽃시절, 들렸습니다

샘이 깊은 물

오늘 날씨 어쩌겄능가

아침뉴스에 비온다드만

하이고, 관상대도 거짓말 잘하드만
믿을 수가 있어야제

와따, 무슨 말을 그리하는감
우리도 아침에 묵은 맘이 저녁이면 달라지는디
아무리 관상을 잘 보는 관상대라고
오락가락하는 바람을 어찌 붙들고
뜬구름의 마음을 어찌 읽겄능가

그도 그라네 잉.

왼쪽이 아프다

땅이 왼다리를 전다
왼쪽으로 기울어지는 몸
강한 오른손에 밀려 움츠러든 왼손
주방보조처럼 제대로 된 음식 만들어 본 적 없다
길 왼쪽에 몸을 푼 작은 저수지
자궁내벽 생살 움푹 패어있다
군무를 추며 상처를 핥는 하루살이무리
치맛자락을 잡아당겨 흉터를 덮어주려는 듯
깊은 골을 따라 애잔한 물줄기 서넛 긴 자락을 끌고 있다
형제 중 공부가 뒤처진다고
왼손처럼 자꾸만 움츠러들었던 작은 언니
교통사고로 우리 곁을 떠난 뒤
어머니는 왼 무릎이 운다며
앉기만 하면 왼 무릎을 왼손바닥으로 쓸어주었다
모든 애잔한 것들은 왼쪽으로 몰리는 걸까
왼쪽 하늘이 붉게 충혈 된다
더는 못 참겠다는 듯 염증이 서럽도록 붉게 번진
어머니 왼 무릎이 산등성이로 풀썩 꺾이고
아픈 살이 떠나자 남아있던 몸도 이내 어두워졌다.

겨울눈

빙판길에 첫새벽이 후들거린다
시장골목 등 굽은 겨울눈이
마지막 저항처럼 얼음 각을 세운 동태를
한평생 냉골이던 자신의 팔자라도 된다는 듯이
두 눈을 질끈 감은 채 토막 내고 있다

까치발 아침놀부터 안짱다리 저녁놀이 되기까지
저 겨울눈 무엇을 기다리는가
청춘과부에 발가락이 얼음 들고 유복자에 귓불이 얼어붙고
그 유복자마저 그녀의 한숨에 열매 한 점 걸어둔 채
저수지에 살얼음으로 드러누워 버린 밤

생의 빙판이 후들거릴 때마다
가슴에 든 살얼음이 서걱거려
심장에 흑장미 문신이 있는 저 겨울눈

막장 같은 추위는 비닐앞치마에 쓱쓱 닦아내고
눈보라치는 생의 빙판을 육자배기로 떠밀고 간다

빙판 끝에 날개를 숨긴 봄이 깨어나고 있다.

산촌

기차여행

가고 싶은 곳은 어디였을까

실업의 지루한 하품소리,
오래된 창틀은 목젖까지 열어젖히다가
삐끗한 시간관절을 얼추 꿰맞춘다

차표 한 장으로 어디까지 갈 수 있을까

간이역마다 외로운 풍경 두엇씩
바람처럼 보내고 꽃처럼 반기며 기차는 간다
목 잘린 풀대궁에서 되돌아보는 꽃때는
달착지근한 향수 같다
눈물 그 뜨거움에
풍경 그 적요에
사랑 그 영원한 풋것에 건배를 하던
푸른 정오일 때 하얀 깃발을 보았다

바위가 모래로 삭아 내리는 동안
깃발을 향해 가파른 능선을 올라채던 기차는

홀연히 달 속으로 사라지고
꿈은 실밥이 터져 줄줄이 내장을 쏟는다
나는 황급히 꿈의 파편을 주워 담는데……

주머니는 구멍이 숭숭 뚫려있다

실밥이 터진 꿈은 산허리에서 주저앉고 말았다

가고 싶은 곳은 어디였을까.

꽃때

꽃비내린다
꽃비 맞으며 두 할머니 걸어간다
갑자기 바람이 거꾸로 분다

할머니들은 보톡스 맞은 탤런트처럼
어느새 탱탱한 꽃시절이다
양은도시락 짤짤거리는 하굣길 중학생 같다
빈 도시락 속의 젓가락들처럼
부딪칠 때마다 깔깔거리고
틀니의 가지런한 잇바디가 반짝거린다

꽃잎 한 장 쏘옥 혓바닥에 앉는다
흰 옥양목 같은 머리칼도
하늘을 업은 잔등도 꽃비에 젖는다
주름고랑에도 꽃물이 찰랑거린다

아리땁게 걸어가는
할미꽃 두 송이.

꽃들의 추상 어법

꽃의 주름

주름이 기억하는 것
앞개울에 흘러가는 고무신 쫓아가던 구름
뒷산 소나무 아래 춘란처럼 피어있던 어린 소녀
사과처럼 붉게 여물던 첫사랑
아무리 손짓해도 결코 뒤돌아보지 않던 시간들이
주름 주름 저금통장처럼 채워져있다

주름의 기억이 있는 한
아직 나는 꽃이다.

나비와 달

사라진 귀

할미꽃이 하는 말에 아무도 귀 기울이지 않았다
할미꽃은 귀에게 돈을 내기 시작했다
꼴미에 담아둔 한 세상을 풀어내는 할미꽃의 입담에
아르바이트 학생은 귀를 쫑긋하다가
같은 길이 반복되자 졸기 시작했다
화가 난 할미꽃은 희망을 홀씨로 퍼뜨리기기로 했다
희망의 씨들은 우주 끝까지 퍼져나갔다
그 중에 하나는 하늘에 올라 달이 되었다
초순이 되면 달은 귓바퀴가 되었다
아기의 옹알이를 다 알아듣는 어미의 귀처럼
초승달은 세상의 고독한 말들을 다 들어주었다
초승달 귓바퀴에 대고 하고 싶은 말을 쏟아버리면
달은 고개를 끄덕이며 서쪽으로 걸어간다
세상의 고독한 말은 서쪽에 쌓인다.

옷걸이

옷걸이가 벌러덩 넘어졌다
현장은 능지처참을 당한 듯 처참하였다
골방귀퉁이일망정
지리산의 고사목처럼 의연하기에
땡볕의 뜨거움도 벗어놓고
애먼 돌팔매질 같은 실업의 그림자도 포개놓고
엉성한 비계를 오르는 날품팔이의 공포도 걸쳐놓았다
나사가 빠진 생의 계단은 순식간에 무너져 내렸다
펄처럼 엉기는 절망을 옷걸이에 걸어두었다
누군가에게 등을 기대고 싶었던 것이다
때에 전 옷을 깨끗이 빨아주던 어머니
돌아가신 후엔 옷걸이에게 업혀서
울다가 잠이 든 나를 발견하곤 했다
내 껍질의 무게에 닳고 휘어진 관절로
옷걸이는 버티고 버텼을 것이다

열두 자식 먹성입성에 고사목처럼 생짜로 고실라진 어머니
견디고 견디다가
'아이고' 한마디에
뿌리째 뽑힌 어머니는 다시 일어나지 못했다.

상팔담에 꽃잎 띄우고

항아리

알맞게 따뜻하고 알맞게 축축한 그 여자는
세상의 모든 명줄들이 잉태되는 태반이다
뚜껑을 열면
고추장 된장 묵은 간장 같은
발효된 눈물이 숨을 고르고 있다
쿡 찍어 그 여자의 속내를 음미하면
주말연속극 50회분의 이야기가 입안 가득 퍼져나간다
장독대는 항아리들의 은밀한 아지트다
서로에게 서로를 비추어보며
항아리가 항아리를 닮으며
항아리가 항아리에게 말을 건다
간장이 대답을 하고 고추장이 맞장구를 친다
항아리에서 된장을 덜어내듯이 엄마는 엄마를 덜어낸다
굴곡진 설움을 덜어낸 엄마는 다시 차곡차곡 안을 채운다
자세히 보면 빈 젖무덤에 실금간 몸을
눈물로 꼰 철사가 옭아매고 있다
세상에서 가장 짠.한. 엄마의 꽃을 피우고 있다.

아이티의 대낮

치매를 건너다

고사목이 되어,
선 채로 피돌기를 멈춘 고사목이 되어
마음을 두드리는 모든 바람을 떠나보낸다
어떤 뜨거운 맹세도
나의 벼락 맞은 심장을 돌이킬 수가 없다

썩은 발가락이 떨어져나가듯
썩은 시간의 지체들이 뭉텅뭉텅 사라지고
울지도 못하는 발가락을 찾아서
해거름의 붉은 젖무덤을 더듬고 더듬는다
절벽,
절벽,
절벽

기억의 젖줄은 가난한 어미처럼 말라붙어
낯설고 낯선 망각의 안개바다
그 무표정한 파도에 떠밀리며
나 아닌 나는 선잠 깬 아이처럼 사랑에 허기져서
먹어도 먹어도 배가 고프다

얼마나 캄캄하더냐,
얼마나 춥더냐

더운 눈물과 설레이는 미소가 피어나던
꽃길을 지나왔노라
스스로 위로할 줄도 모르는 향기로운 영혼이여

명주손수건에 고이 접어둔 첫입맞춤도
이제 다시는 젖은 눈빛의 추억이 되지 못해
나는 당신에게로 갈 수가 없다.

산들의 달구경

금성산

돌멩이하고도 눈 맞추지 않고
없는 듯 살아내던
산이 떠나고
이레쯤 후에 배뱅이골의 빈 몸이 입을 열었다

젖혀진 방문
손톱에 파인 기둥에는 핏자국 점점이 떠있고
널브러진 토방은 대빗자루에 마구 쓸린 듯 몸부림 낭자했다

토방에 길게 드러누운
배뱅이골에서 미처 세상에 못 다한 말이
꾸물꾸물 아흔아홉 골이나 흘러나왔다

부엉새 울음 너머
아흔아홉 개의 줄무늬를 가진 호랑이
포효하는 소리가 들리는 밤이 있다.

산들의 가을

헌것입니다

헌 옥장판 한 장을 얻어왔습니다
주는 손도 받는 손도 흔연합니다
갖은서 한 줄 풀려도 노심초사 없습니다
쾅하고 문 닫는 소리에 소스라칠까봐
조심거리는 몸태는 더더구나 없습니다
물건이나 주인이나 대면대면입니다
헌차나 헌옷이나 헌사람은 김칫국물이 튀거나
돌팍에 흠집이 나도
소슬바람 한 점 일지 않고
작은 웅덩이 잔물결조차 오히려 조용합니다
아무리 高로 높여도 한 달에 기천 원 나오는
전기값, 그래 그 정도면 내 뼛속에 들러붙는
한기 내쫓는데 부담 없는 가격입니다
바로 그것이 내 몸값임을 자각하는 순간
이제는 스스로 헌 것이 되어버렸습니다
내 몸 어디 한 쪽이 우그러져도 아무도
눈썹 한 올 흔들리지 않을 것입니다
백내장 낀 헌 눈동자로 내려다보는 보름달이
허리 깊숙이 휜 강물을 헌 달빛지팡이로 더듬고 있습니다
고무줄 늘어진 헌 속옷처럼 편안한 밤입니다.

노을

홍시처럼 노을 곱게 익는 날
어쩌면 한끝, 오미자 같은 사랑이
미지근한 숭늉에 그저 그런 맛으로 우러나더라도
저- 저-하고 망설이다가 그냥 보내지는 않으리
동네공원 하나 내 공원으로 점 찍어두리
아침이면 차양 넓은 모자를 쓰고 잡풀을 뽑다가
어린 풋것들은 살짜기 눈감아주리
함부로 쓰레기를 버린 이에게 속소리로 지청구 하며,
내 나이든 뜨락을 마음껏 가꾸리
참새의 재잘거림도 마냥 들어주리
난척하는 뭉게구름에게도 고개 끄덕이리
어설픈 충고는 까맣게 태워버리리
모시적삼에 호박브로치로 멋내고
주름진 추억엔 굽이굽이 엷은 화장을 하리
예쁜 손가방에 장미꽃 수놓인 손수건도 챙기리

아옹다옹 살아내느라 달게 익었다고
아지 못하는 그분 혀끝에 깊게 맛들이리
아니 어쩌면, 뜻대로 이룬 것 하나 없다며
대책 없는 들불처럼 앙탈을 부리리.

완두콩

완두콩 꼬투리마다 고실라진 어머니 졸고 있네
울.컥.
어미 몸을 뚫고 올라온 세상
톡.톡
세상 밖으로 튀어오르네
지.그.시.
발바닥에 밟힌 지긋한 어미
말라붙은 젖무덤 같은 꽃잎이
콩도 어미가 있었다는 걸
무슨 오래된 암각화처럼 가슴에 그리고 있네
완두콩은 더 멀리 더 높이 날아가네

저 어미, 누덕누덕한 삼베적삼 걸치고
벌써 졸업한 이승 서성이며
툇마루 끝에서 졸고 있는 까닭은
어데 뿌리내리든지 끼니 거르지 말고
잠 잘 자고 몸 성혀라 잉

제 길을 찾아 나선 애잔한 눈물에게
기도하듯 한 말씀 당부하고 싶어서네.

가을 연리지

먹 한 도막

벼루에 먹 한 도막 누워계시네
이제는 누구에게도 짜줄 먹물 한 방울
남아 있지 않은 가슴에는 흡족한 웃음 몇 날 고여 있네

열세 살에 새끼머슴이 되었네
머슴살이 석삼 년에 곱분이에게 장가들었네
세경으로 대밭이 딸린 작은 초가집 한 채 얻었네
아들딸 다섯 두었네, 별들이 돌아갈 시간이면
대숲이 우우 소리를 질러서 부부양주를 깨웠네
생의 다리품이 팍팍할 때마다
뒤꼍의 대나무밭은 밥이 되고 월사금이 되고
차비가 되어 주었네
봄이면 죽순으로 죽순이 여물면 대바구니로
오일장마다 시오리길 이고 지고 부부는 걸었네
다섯 아이 모두 대처에서 대학공부시켰네
막내가 대학 졸업하던 날
몽당먹이 곱분이에게 말씀하셨네
이제 남은 먹물을 우리에게 써도 되겠네
그러나 한평생 당신 위해 무엇도 써본 적 없어

누룽지처럼 말라붙은 먹물마저 통장에 들고 말았네
그해 대밭에 하얀 꽃이 무성하였네

무릎 꿇고 두 손으로 받쳐 든 먹 한 도막
생의 벼루에 박박 갈릴 때마다
손톱발톱 뼈마디가 녹아내렸네
서쪽하늘에 노을 한 자락 너무 붉어 먹빛에 들었네
말라죽은 대밭벼루에는 맛있게 갈아 마신 몽당먹 한 도막
웃는 듯 봉긋 누워계시네.

수중석양

하늘말나리

치매요양원 햇볕 잘 드는 방이
하늘말나리 입담에 오늘도 수런거린다
시끄럽다는 비질에 풀썩 튀어 올랐다가
자리만 바꾸어 앉는 먼지군단처럼
어떤 따가운 햇살에도 그녀의 고백성사는 멈추지 않는다
비지땀에 전 속곳까지 발딱 뒤집어서
과거지사를 시시콜콜 풀어내는 하늘말나리
여섯살 쯤에 구멍가게 알사탕 한 개 슬쩍 입에 문 적 있었다고
무능한 서방 미워서 시어머니에게 악담부담 몇 번 했었다고
대면대면한 며느리 섭섭하다고 뒤돌아서 눈물 찔끔했노라고
실패가 된 몸을 뒤집어서 한생 동안 감은 실을 풀고 있다

무명실에 새겨진 물결치는 무늬를 하느님이 잘 보시도록
얼굴 복판에 점자로 찍어놓았다
그녀는 하느님이 소경이란 걸 어찌 알았을까
친절하게도 그녀가 한 획 한 획 꾹꾹 눌러 찍은
점자를 더듬으며 하느님이 심판하고 계신다
세상에서 가장 정직한 하늘말나리는
아리아드네의 실처럼 제 온 길을 되짚어서
천국으로 돌아가는 중이다.

아버지

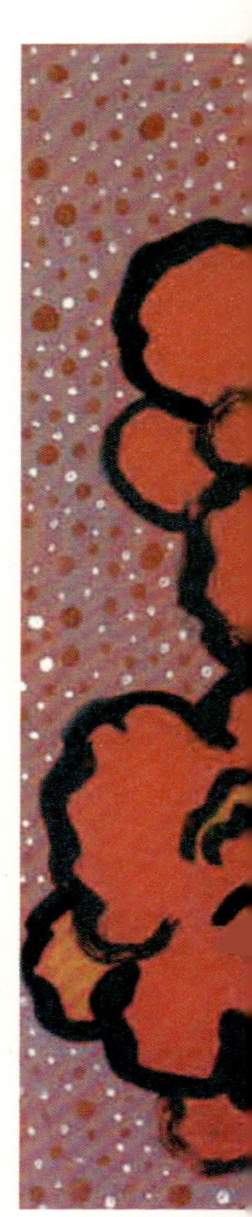

“제 일은 제가 알아서 하겠습니다.”

그 때는 그 말이
아버지의 짐을 덜어드리는 줄 알았습니다
아무 말 없이 일어나시더니
툇마루에 걸터앉으셔서
막걸리 한 사발 들이켜고
벌건 얼굴로 하루일 마무리하는
뒷산 노을을 보시며
담배 연기 후욱 불어주시기에
그 노을처럼
아버지도 자식농사 끝내시고
마음 한 자락 거나하게 취하셔서
‘이제 내 아들 다 컸구나’
대견해 하시는 줄 알았습니다

무성히 자란 제 아이의 입에서 그 말이 나왔을 때,
아버지의 가슴에서 날마다 굵어가던
아름드리 느티나무가 뿌리 채 뽑혔다는 것을
삼십 년이 지나서야 알았습니다.

이 무성한 숲

폐지 보석

폐지 한 장이 빛나는 보석이라도 된다는 듯이
나이든 산이 굽은 등허리를 더욱 굽혀
쓰레기봉지에서 폐지를 집어내고 있다

평생 무엇을 저토록 간절하게 파냈던 것일까
주름진 길이 폭삭폭삭 주저앉아있다
괭이 끝에 걸리는 쓸모없는 쓰레기를 능숙하게 피해
폐지 한 장을 찾기 위해 지하 700미터 광맥을 파내려가듯
80Kg들이 쓰레기광산을 파내려가는 낡은 손가락 괭이들

폐지에서 빛이 나고 있다
생의 광산에서 미처 발견 못했던 보석들이
나이든 괭이 끝을 타고 고구마줄기처럼 쏟아지고 있다
눈자위 붉어지는 황혼이 되어서야
들 건너 산 너머 멀리 서있는 것들에게 눈 맞추고 있다
몇 굽이 전쯤에 아무렇지도 않게 집어던진
보석을 되찾기 위해
등허리 휘고 손 매듭 굵은 괭이가 된 나이든 하늘들

길 위에 흘려버린 눈물들이 쓰레기광산의 폐지처럼 숨어있다.

재개발

재개발을 기다리는 요양병원의 할미꽃들
복도에는 탄력을 잃어버린 집들이 쭉 늘어서있다
헐렁거리는 고무줄이 편한 뱃살들은
아무래도 땅냄새가 이무러운지 아래로 아래로 처진다
습관처럼 잡초만 보면 뽑아내는 옹이진 낙엽들의
페인트가 바스러진 맨살들이
구멍 난 창틈으로 길 건너편을 응시하고 있다
계단을 쿵쾅거리는 소리에 아무도 기울이지 않는 척 하지만
실은 모두가 '바스락'에도 귀를 대고 있다
위층 보일러가 요실금처럼 천정팬티에 세계지도를 그리는
7병동 444호실에서는
'무슨 원인으로 새는지 진단을 해야 되는 것 아닐까?'
식구 중에 누가 문제를 제기하면
'곧 무너진다는데 무슨 검사에요
헌집고치기라고 어설프게 손댔다가는 새집보다 더 들어간대요.'
새침때기 우듬지 막말에 아래가지들은 고개를 끄덕이고 만다
서쪽하늘구청에서 쾅하고 재개발도장이 찍히기만을 기다리고 있는
소유주들이 보꾹의 사금 든 무늬를 가끔 올려다보며
'그냥 새는 대로 사셔요, 헌집에는 헌옷이 편하지요.'
경전에도 없는 명언을 한다.

탑들의 자기 환상

반지

어머니 칠순 무렵이었습니다. "막내야, 알반지 하나 맹글어온나." 어머니는 뜬금없는 통사정을 하였습니다. 새 옷이며 금붙이며 한사코 손사래 치던 상시의 어머니 일은 아니었습니다.

칠순 날 자수정반지가 어머니 약지에서 빛났습니다. 일순 고실라진 꽃대에 반짝 물올랐습니다만 약지는 딱 하루만 호사하였습니다. 아까운 반지는 장롱에 귀히 모셔져 있다가 식구들 모이는 명절에만 어머니 약지에서 다시 환하게 웃곤 하였습니다.

어느 때쯤부터 명절에도 어머니 약지가 빈자리였습니다.

세월의 어금니에 뭉그러지던
팔순의 무게와 부피는 조금씩 헐거워지더니
어머니는 생의 반지에서 아예 흘러내리고 말았습니다
장롱 깊은 곳, 빛바랜 자수손수건에 서너 겹 고이 싸인
반지의 약지에서 어머니, 빛나고 있었습니다
눈가에는 네 겹 잔물결 오지게 일렁였습니다

반지를 문지르니
"옆집 새댁 알반지 참말로 곱드랑께."
어머니……. 꽃시절, 들렸습니다.

'살이'라는 것

주사를 놓는데 주사침이 흠칫 길을 멈춘다
발 디딜 곳이 없다
엉치뼈가 제 단단함으로 침의 막막함을 받는다
"아짐, '살'은 다 어디로 마실 보내셨소?"
"그놈의 '살' 다 자석들 목구멍으로 넘겨보냈제."
열여덟에 시집와 열아홉에 첫아들 낳고
줄줄이 손가락 빨아대는 자식들 먹일 욕심에
빈 날개로 허공을 건너듯 아짐은 끼니를 건너뛰었다
품일 나가 새참으로 얻어먹는 라면 한 봉지가 하루식사였다는 아짐
라면 한 봉지와 막노동을 바꾸다보니 통증이 허리뼈에
일상처럼 붙어버려 약 없이는 하루도 건널 수 없는 아짐
세월 좋아진 살집이 머무적거려도 습관처럼 깎아지른 뼈마디는
곁을 내주는 방법을 이미 오래전에 잊어서
종단엔 설사로 흘러가버리는 아짐의 '살'들
'살이'라는 것이 군살 붙는 일이어서
살다보면 나잇살이라는 게 절로 붙는다는 디
나는 나이를 끼니 거르듯 건너뛰어서'살'이 안 붙는 겨
농도 잘하는 애치아짐의 허리사이즈는
여직도 미처 못 피어본 꽃청춘이어서
미스코리아 뺨치는 21인치.

사랑이 보이는 풍경

참외를 씻다

한쪽 팔이 없는 우리 엄마 자리에 눕고서야 알았다
참외덩굴이 엄마의 온몸을 휘감고 있었다는 걸
뒤틀린 몸을 만지면 소스라치는 덩굴들
잘려나간 지체 때문에 몸은 스스로 헛손을 만들었다
발 딛는 곳마다 진흙수렁이었던 엄마의 길을 메우느라
아슬한 허방을 들어올렸을 덩굴손은 산맥처럼
엄마를 버티고 있었다 덩굴에 열린 엄마의
과일을 따먹으면 덩굴손은 나를 부드럽게 감았다
상처를 향해 달려온 시퍼렇게 불거진 힘줄들의
우락부락한 표정 때문에
아무도 엄마가 여자인 것을 알아채지 못했다
요양원의 낯선 눈길들로부터
한평생 캄캄한 눈물이었던, 아직도 아린 칼날 같은
흉터를 고실라진 덩굴손이 아프게 가렸다
온몸에 힘줄로 돋을새김한 못난이 참외의 껍질을 벗겼다
파르라니 떨고 있는 덩굴손을, 그 질긴 힘줄을
따뜻한 목욕물에 눕혔다
말라붙은 꼭지에 단물 몇 모금 아직 남아서
꺽.꺽.거리는 내 목구멍을 적셔주었다.

소나무의 사방감각

무화과

다래기아재가 삶의 끈을 놓친 날
꽃샘바람은 날카로운 손톱으로 꽃눈을 후비고 있었다
이십 년 전에 꽃눈이 떨어지듯 아짐이 먼저 가고
남겨진 세월을 아재는 무화과 같은 홀아비로 살아냈다
꽃을 안에 숨긴 아재는 애사든 경사든 손이 필요한 곳이면
무던하게 혀끝에 스며드는 무화과과육처럼
흔적 없이 스며들어 궂은일을 도맡았다

상두꾼들이 상여노래 매기는 소리에
농협창고에 기대어둔 만장기가 움찔 몸을 떤다
가난한 홀아비는 중국삼베수의로 차려입고 먼 길 차비에 바쁘고
동네 사람들은 받아놓은 날이라 어쩔 수 없다며
버스 두 대에 나눠 타고 꽃놀이 간다

상여 뒤통수에는 피붙이 서넛
꺾인 가지처럼 대롱대롱 흔들리고
물컹 즈려밟힌 뼈 없는 눈물들 서쪽하늘에 흥건한데
손길 그리운 구석마다 박박 긁어주던 효자손은
목이 꺾인 채 마당가에서 뒹굴고 있다.

버섯 위에 뜬 달

어느 시골의원에서

시골로 여행을 갔습니다. 잊을만하면 심심파적으로 속을 썩이던 두드러기가 또 발작을 일으켰습니다. 마침 인근에 개인의원이 있어서 체면불구하고 한밤중인데도 문을 두드렸습니다. 빠끔히 열리는 현관문을 들어서니 침침한 실내에 70대의 노의사 부부가 서있었습니다. 할머니가 접수를 받고 할아버지는 진료를 하고 주사를 주더군요. 주사를 맞으면서 이 주사가 과연 약효가 있을까 하는 의심이 확 들었습니다.

제 주인의 얼굴처럼 검버섯이 핀 형광등은 마지못한 듯 자울거리는 진료실을 부둥켜안고 있었습니다. 그 풍경은 흡사 타임머신을 타고 한 오십년쯤 뒤로 물러선 듯하였습니다. 한때는 투명한 젊음을 뿜어내었을 형광등 아래서 대기실의자는 어지간히도 바빴겠지요. 이제는 기우뚱 한쪽으로 쏠려있는 저 원목의자는 퇴행성관절염에라도 걸린 것일까요? 한쪽 다리에 파스를 붙이듯이 테이프가 얼기설기 감겨있군요. 푸른 이파리들이 무성했을 때에는 반드시 쾌유시켜 주리라는 신뢰의 눈동자들이 저 곰팡이 거무튀튀한 벽에도 반짝반짝 빛났겠지요. 볼펜심이 가늘게 떨리는 접수부에도 시간의 앙금이 누렇게 내려앉아있었습니다. 돋보기를 추켜올리며 지긋이 내리누르는 청진기에서도

후두염환자 같은 목쉰 소리가 들렸습니다.

무엇하나 온전해 보이지 않는 그 나이든 의원에서 두드러기는 신기하게도 흔적도 없이 사라져버렸습니다.

내 마음의 성 II

전숙 시집

눈물에게

2011년 11월 5일 인쇄
2011년 11월 15일 발행

지은이 | 전 숙
펴낸이 | 강경호
인쇄 · 기획 | (주)시와사람
등 록 | 1994년 6월 10일 제 05-01-0155호
주 소 | 광주광역시 동구 금동 8-1번지
전 화 | (062)224-5319
팩 스 | (062)225-5319
E-mail | jcapoet@hanmail.net

ISBN 978-89-5665-335-8 03810

값 10,000원

* 이 책은 광주문화예술진흥기금에서 제작비 일부를 지원받음.
* 잘못된 책은 바꾸어 드립니다.

공급처 ■ 한국출판협동조합
경기도 파주시 탄현면 오금리 202번지
주문전화 (02)716-5616, 070-7119-1740